みそ汁は
おかず
です
瀬尾幸子

どうして
みそ汁が

私のみそ汁は「具」が多いから。

レシピ通り作ると、具が多くてびっくりすると思います。でも、大丈夫。みそ汁の具が多いと食べていてうれしいし、具からうまみが出て、みそ汁がとってもおいしくなるから。

私のみそ汁は「おなかいっぱい」になるから。

この本の材料は、だいたい2人分＋おかわり1杯分の量にしてあります。具だくさんでおかわりもできるから、ごはん（パンでもいいです）とみそ汁で、おなかいっぱいになります。

「おかず」なの？

発表！ みそ汁のいいところ

みそがあれば作れる

当たり前だけど、みそ汁はみそがあれば作れます。調味料ひとつで味が決まります。みそは「包容力」のある調味料なんです。

誰でも作れる

料理を作ったことがない人でも作れます。みそ汁作りに、特別なワザもコツもいりません。

野菜がたくさん食べられる

どんな野菜もみそ汁の具になります。切って煮ればでき上がり！ 野菜と一緒に冷蔵庫に残っているあれやこれ、何でも入れて作りましょう。

ジャーン!!

発表！
みそ汁の作り方は、これだけです

1 切る

材料を準備する

具は台所にあるもので。2〜3種類あればうれしいけれど、1種類でもおいしくできます。

同じ野菜でも、切り方が変わると食感や味が変わります。具の切り方や組み合わせを変えるだけで、バリエーションは無限大に。

② 煮る

具はいっぺんに煮てOK。火が通りやすいとか、通りにくいとか気にしなくても大丈夫。香りを残したい薬味野菜や卵とじなど、一部の食材はみそを溶いた後に加えます。

③ みそを溶く

みそをのせたお玉で煮汁を少しすくい、箸でみそを溶きます。みそを溶いた後、汁がグラグラ煮立ったら(これが、ひと煮立ち)、火を止めてでき上がり。

この本で使ったお鍋

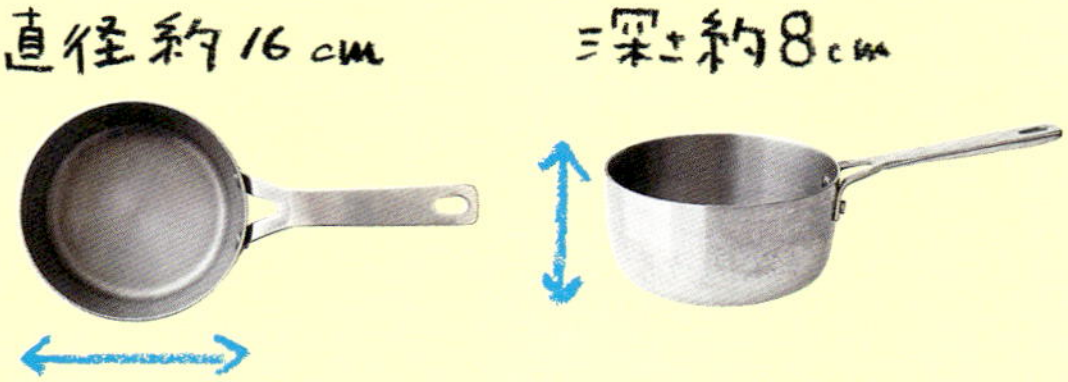

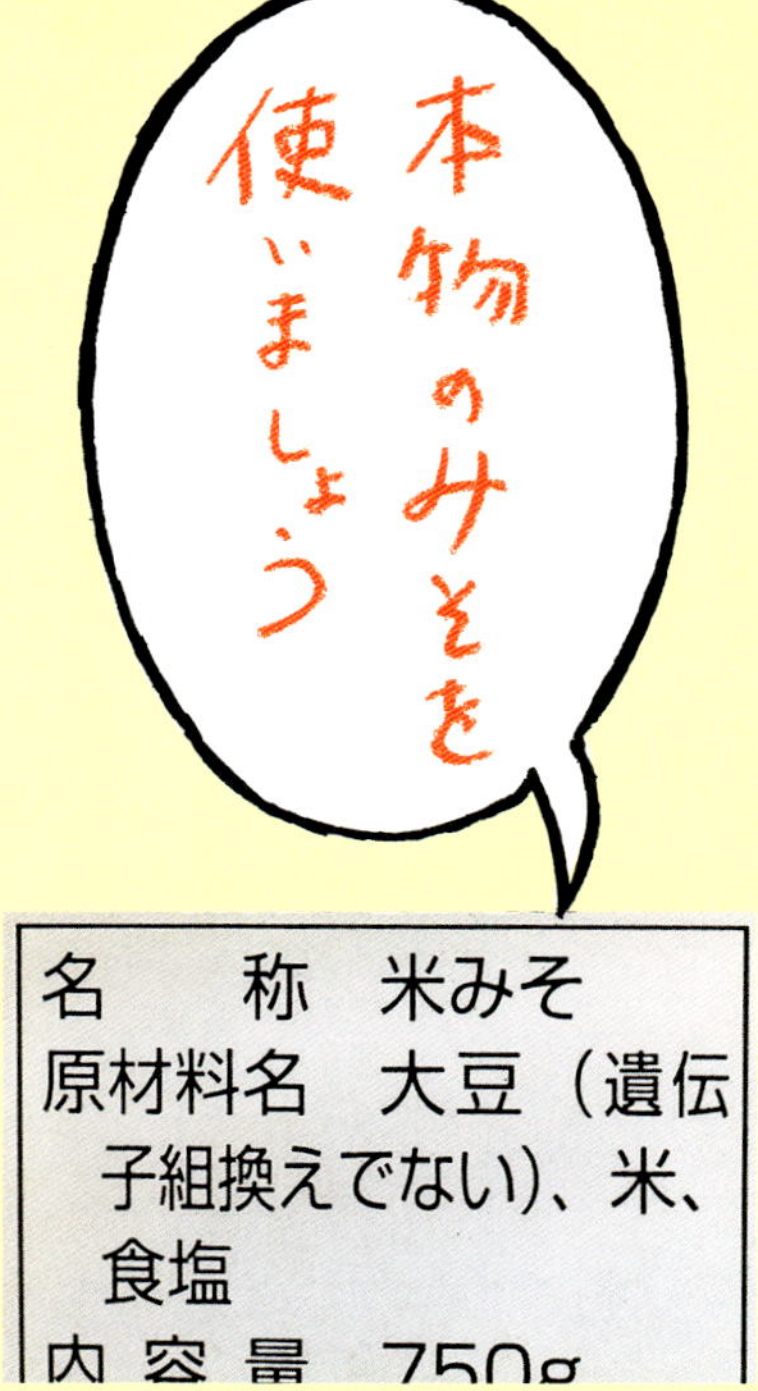

みそは原料の麹の違いによって、「米みそ」「麦みそ」「豆みそ」に分類されます。米みその場合、大豆、塩、米麹でつくります。麦みそは麦麹を使います。豆みそは、蒸した大豆に麹菌を生やしてつくるので、原料は大豆と塩だけです。

原料によって味わいが異なりますが、みそ汁にどのみそを使ってもかまいません。あなたが食べ慣れたものでよいのです。高級なものである必要はありません。スーパーで売っているもので十分です。

でも、みそ汁は毎日食べたいものだから、ぜひ「本物のみそ」を使ってください。「本物」とは、大豆と塩と麹の原料だけでできた、みそのこと。だしや他の原材料が加わっていない、無添加のみそを選びましょう。

黄色っぽいみそと赤っぽいみそ

みそ汁を作るためのみそは、好みのものが1種類あれば十分です。でも、味の異なるみそを2種類用意して、食材に合わせて使い分けても楽しいものです。

　この本では、黄色っぽいみそと、赤っぽいみそを使いました。ほとんどのみそ汁は、黄色っぽいみそで作っています。熟成期間が短めで、甘みがあり、どちらかといえば穏やかな味わい。

　一方、赤っぽいみそは、黄色っぽいみそよりも発酵、熟成が進んでいて褐色化しています。甘みはひかえめで、キリッとしたドライな味わいです。ぬるぬるしたなめこ、クセのある牛肉、アクの強いごぼうなど、個性の強い食材によく合うと思います。2種類のみそを好みの配合で混ぜた、合わせみそでみそ汁を作ってもよいでしょう。

だしの話

だしは何を使ってもいい

かつお節と昆布できちんとだしをとらなければならない——。そう思うと、みそ汁作りがおっくうになってしまいます。それでは元も子もありません。この本のみそ汁は、具からうまみが出るので、だし汁はそれほど重要ではありません。だしをとることに疲れてしまうくらいなら、顆粒だしでもだしパックでも、使いやすいものを使えばいいんです。大事なことは、自分で作って食べること。だしのとり方で悩まないでください。

顆粒だし

密閉できる透明のガラス瓶に移し替え、手の届きやすいところに置いておきます。計量スプーンも一緒に入れておくと便利。メーカーにもよりますが、私は湯カップ3に対して顆粒だし小さじ$\frac{2}{3}$〜1の割合で使っています。

だしパック

顆粒だしと同じように、密閉できる透明のガラス瓶に移し替え、使いたいときにすぐに使えるようにスタンバイ。

おっくうにならないかつおだし

お茶用のポットなど冷めにくい容器に、けずり節10gを入れて熱湯カップ3を注ぎ、蓋をして2〜3分置いてからざるでこします。けずり節は値段の安いものでかまいませんが、酸化していない新鮮なものを使いましょう。

おっくうにならない煮干しだし

蓋つきの保存容器に、頭と腹わたを取った煮干し10尾、昆布5㎝四方、水カップ3を入れて蓋をし、冷蔵庫にひと晩置きます。材料ごと鍋に入れ、みそ汁を作ります。煮干しや昆布は食べてしまってもかまいません。

もくじ

どうして、みそ汁が「おかず」なの？……2
発表！みそ汁の作り方は、これだけです……4
みその話……6
だしの話……8

おなじみ食材のみそ汁

大根＋鶏ひき肉＋大根の葉……14
大根＋油揚げ……16
大根＋厚揚げ＋にんじん……17
豆腐＋卵＋万能ねぎ……18
豆腐＋みょうが……20
豆腐＋鶏ひき肉＋しょうが……21
じゃがいも＋玉ねぎ＋バター＋カレー粉……22
じゃがいも＋ソーセージ＋長ねぎ……24
すりじゃがいも＋粒コーン＋バター……25
長ねぎ＋さつま揚げ＋ちりめんじゃこ……26
長ねぎ＋ランチョンミート……28
長ねぎ＋刺し身……29
わかめ＋豆腐＋長ねぎ……30
わかめ＋長ねぎ＋ごま油……32
わかめ＋ちくわ＋しょうが……33
キャベツ＋油揚げ＋にんじん……34
キャベツ＋豚薄切り肉＋長ねぎ……36
キャベツ＋しいたけ＋揚げ玉……37
かぼちゃ＋鶏もも肉＋長ねぎ……38
かぼちゃ＋玉ねぎ＋バター……40
かぼちゃ＋しいたけ＋長ねぎ＋オリーブ油……41
えのきだけ＋ベーコン……42
まいたけ＋ランチョンミート＋こしょう……44
なめこ＋豆腐＋万能ねぎ……45
なす＋みょうが＋そうめん……46
焼きなす＋しょうが……48
なす＋厚揚げ……49
白菜＋さば缶＋にんじん……50
白菜＋油揚げ……52

白菜＋鶏もも肉 …… 53
もやし＋さやいんげん＋しいたけ …… 54
もやし＋にら …… 56
もやし＋豚ひき肉＋万能ねぎ …… 57
さやいんげん＋厚揚げ＋玉ねぎ …… 58
さやいんげん＋にんじん＋ちくわ …… 60
さやいんげん＋えのきだけ＋豚薄切り肉 …… 61
ほうれん草＋卵 …… 62
ほうれん草＋粒コーン＋バター …… 64
チンゲン菜＋にんじん＋豚薄切り肉 …… 65
春菊＋厚揚げ＋すりごま …… 66
小松菜＋豆腐＋しいたけ …… 67
落とし卵＋玉ねぎ …… 68
落とし卵＋にら …… 70
落とし卵＋もやし …… 71
にら＋長ねぎ＋豚薄切り肉 …… 72
にら＋厚揚げ＋しめじ …… 74
にら＋豚ひき肉 …… 75
長いも＋しめじ …… 76
すり長いも＋豆腐＋万能ねぎ …… 78
長いも＋温泉卵 …… 79
トマト＋オクラ …… 80
トマト＋青じそ …… 82
トマト＋さつま揚げ …… 83
ごぼう＋にんじん＋油揚げ＋いりごま …… 84
ごぼう＋合いびき肉＋三つ葉 …… 86
ごぼう＋牛こま切れ肉＋万能ねぎ …… 87
里いも＋鶏もも肉 …… 88
さつまいも＋豚薄切り肉＋にんにく …… 90
さつまいも＋長ねぎ …… 91
豆苗＋ごま油 …… 92
きゅうり＋厚揚げ＋しょうが …… 93
レタス＋揚げ玉 …… 94
カリフラワー＋オリーブ油＋カレー粉 …… 95
ブロッコリー＋魚ボール＋長ねぎ …… 96
ズッキーニ＋ひき割り納豆＋長ねぎ …… 97
かぶ＋かぶの葉＋油揚げ …… 98

魚介・変わり・漬け物のみそ汁

魚介のみそ汁

あさりのみそ汁……100
しじみとしょうがのみそ汁……102
さけのみそ粕汁……104
たいのあら汁……106

変わりみそ汁

みそけんちん汁……108
みそカレーシチュー……110
野菜冷や汁……112
みそ豆乳しょうが汁……114

漬け物のみそ汁

高菜漬け＋豚ひき肉＋にんにく……116
白菜漬け＋卵……118
野沢菜漬け＋厚揚げ……119
白菜キムチ＋さば缶＋長ねぎ……120
白菜キムチ＋にら＋豚薄切り肉……121

巻末コラム1　自分でできる冷凍食材……122
巻末コラム2　味のアクセント……124

終わりに　おじやのこと……126

【この本の使い方】

○大さじ1＝15㎖、小さじ1＝5㎖、カップ1＝200㎖です。
○フライパンはコーティング加工を施してあるものを使用しています。
○この本では「みそ」は米みそを使用していますが、好みのみそを使ってください。
○みそによって塩加減が異なるので、最後に必ず味見をしてください。塩けが足りなければみそを足し、濃ければ水を加えて味を調整してください。
○材料表の「だし汁」は好みのだしを使用してください（だしについてはP8をご覧ください）。
○材料表の「こしょう」は粗びき黒こしょう、「オリーブ油」はエクストラヴァージンオリーブオイルを使用しています。
○食材を洗う、野菜の皮をむく、へたや種を取るなど、基本的な下ごしらえを「作り方」で省いている場合があります。適宜おこなってください。

おなじみ食材のみそ汁

大根＋鶏ひき肉＋大根の葉

材料（2人分）

大根……6cm（500g）
鶏ひき肉……50g
大根の葉……10cm（20g）
だし汁……カップ3
みそ……大さじ3

① 切る

大根は皮をむき、2cm角に切る。大根の葉は小口切りにする。

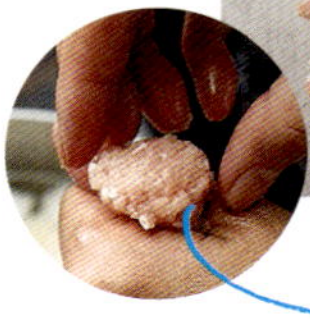

ひき肉は、にぎった手の中からムニュッ。と

② 煮る

鍋に大根、大根の葉、だし汁を入れて強火にかける。煮立ったら中火にし、鶏ひき肉を直径2cmくらいにちぎりながら加える。

③ みそを溶く

大根がやわらかくなったらみそを溶き入れ、ひと煮立ちしたら火を止める。

大根＋油揚げ

①切る

大根は皮をむき、5㎜幅の輪切りにして棒状に切る。油揚げはペーパータオルではさんで上からぎゅっと強く押し、余分な油を吸い取る（ⓐ）。半分に切り、1cm幅に切る。

②煮る

鍋に大根、油揚げ、だし汁を入れて強火にかける。煮立ったら中火にし、大根がやわらかくなるまで煮る。

③みそを溶く

みそを溶き入れ、ひと煮立ちしたら火を止める。

材料（2人分）

大根……………………6cm（500g）
油揚げ…………………½枚
だし汁…………………カップ3
みそ……………………大さじ3

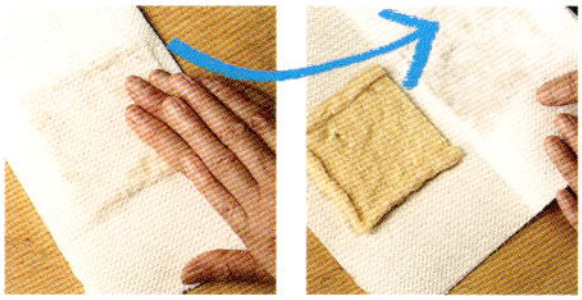

ⓐ

大根＋厚揚げ＋にんじん

① 切る

大根は皮をむき、3mm幅のいちょう切りにする。にんじんは皮をむいて薄いいちょう切りにする。厚揚げは2cm角に切る。

② 煮る

鍋に大根、にんじん、厚揚げ、だし汁を入れて強火にかける。煮立ったら中火にし、大根、にんじんがやわらかくなるまで煮る。

③ みそを溶く

みそを溶き入れ、ひと煮立ちしたら火を止める。

材料（2人分）

大根……………………6cm（500g）
絹厚揚げ……………1枚（100g）
にんじん……………3cm
だし汁………………カップ3
みそ……………………大さじ3

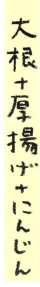

豆腐＋卵＋万能ねぎ

材料（2人分）

木綿豆腐……1丁（350g）
卵……1個
万能ねぎ……3本
だし汁……カップ3
みそ……大さじ3

① 切る

木綿豆腐は手で2cm角くらいにちぎる。卵は割りほぐす。万能ねぎは小口切りにする。

② 煮る

鍋に豆腐、だし汁を入れて強火にかける。煮立ったら中火にし、豆腐が温まるまで煮る。

③ みそを溶く

みそを溶き入れ、ひと煮立ちしたら溶き卵を回し入れ、卵がふわっと浮いてきたら万能ねぎを加えて火を止める。

豆腐＋みょうが

①切る

木綿豆腐は水けをきって1.5cm角に切る。
みょうがは小口切りにする。

②煮る

鍋に豆腐、だし汁を入れて強火にかける。
煮立ったら中火にし、豆腐が温まるまで煮る。

③みそを溶く

みそを溶き入れ、ひと煮立ちしたら火を止め、みょうがを加える（ⓐ）。

材料（2人分）

- 木綿豆腐……………1丁（350g）
- みょうが……………1個
- だし汁………………カップ3
- 赤っぽいみそ………大さじ3

豆腐+鶏ひき肉+しょうが

① 切る

豆腐は水けをきって2cm角に切る。しょうがはせん切りにする。

② 煮る

鍋に豆腐、しょうが、だし汁を入れて強火にかける。煮立ったら中火にし、鶏ひき肉を直径2cmくらいにちぎりながら加える(ⓐ)。

③ みそを溶く

鶏ひき肉の中まで火が通ったらみそを溶き入れ、ひと煮立ちしたら火を止める。

材料（2人分）

豆腐(木綿でも絹ごしでも)…1 丁(350g)
鶏ひき肉……………………50g
しょうがの薄切り………4 枚
だし汁………………………カップ 3
みそ…………………………大さじ 3

ⓐ

じゃがいも＋玉ねぎ＋バター＋カレー粉

材料（2人分）

じゃがいも…2個
玉ねぎ………½個
だし汁………カップ3
みそ…………大さじ3
バター………小さじ1
カレー粉……小さじ¼

① 切る

じゃがいもは皮をむき、1cm幅の半月切りにする。玉ねぎは芯を切り落とし、1cm幅のくし形に切ってほぐす。

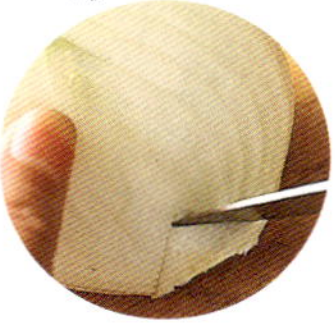

根元の芯は取ってね

② 煮る

鍋にじゃがいも、玉ねぎ、だし汁を入れて強火にかける。煮立ったら中火にし、じゃがいもがやわらかくなるまで煮る。

③ みそを溶く

みそを溶き入れ、ひと煮立ちしたらバター、カレー粉を加えて火を止める。

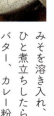

じゃがいも＋ソーセージ＋長ねぎ

① 切る

じゃがいもは皮をむき、5㎜幅のいちょう切りにする。ソーセージは斜め薄切りにする。長ねぎは斜め1㎝幅に切る。

② 煮る

鍋にじゃがいも、ソーセージ、長ねぎ、だし汁を入れて強火にかける。煮立ったら中火にし、じゃがいもがやわらかくなるまで煮る。

③ みそを溶く

みそを溶き入れ、ひと煮立ちしたら火を止める。

材料（2人分）

じゃがいも…………2個
ソーセージ…………2本
長ねぎ………………1本
だし汁………………カップ3
みそ…………………大さじ3

すりじゃがいも＋粒コーン＋バター

①する

じゃがいもは皮をむいてすりおろす（ⓐ）。

②煮る

鍋にすりおろしたじゃがいも、水、だしの素、鶏がらスープの素を入れて強火にかける。煮立ったら中火にし、お玉で混ぜながら煮る（ⓑ）。とろみがついたら粒コーンを加える。

③みそを溶く

みそを溶き入れ、ひと煮立ちしたらバターを加えて火を止める。器に盛り、好みでこしょうをふる。

材料（2人分）

じゃがいも…………大1個
粒コーン……………カップ1
水……………………カップ3
顆粒だしの素………小さじ½
顆粒鶏がらスープの素…小さじ½
みそ…………………大さじ3
バター………………小さじ1
好みでこしょう……少量

長ねぎ＋さつま揚げ＋ちりめんじゃこ

材料（2人分）

- 長ねぎ……………1本
- さつま揚げ…………2枚
- ちりめんじゃこ…10g
- 水……………カップ3
- みそ……………大さじ3

だし汁不要ー。
じゃことさつま揚げから
うまみが出ます

①切る

長ねぎは斜め1cm幅に切る。さつま揚げは半分に切り、1cm幅に切る。

②煮る

鍋に長ねぎ、さつま揚げ、ちりめんじゃこ、水を入れて強火にかける。煮立ったら中火にし、長ねぎに火が通るまで煮る。

③みそを溶く

みそを溶き入れ、ひと煮立ちしたら火を止める。

長ねぎ＋ランチョンミート

材料（2人分）

長ねぎ………………1本
ランチョンミート…100g
だし汁………………カップ3
みそ…………………大さじ3

①切る

長ねぎは1cm幅のぶつ切りにする。ランチョンミートは半分に切り、1cm幅に切る。

②煮る

鍋に長ねぎ、ランチョンミート、だし汁を入れて強火にかける。煮立ったら中火にし、長ねぎに火が通るまで煮る。

③みそを溶く

みそを溶き入れ、ひと煮立ちしたら火を止める。

長ねぎと刺し身

材料（2人分）

長ねぎ………………1本
刺し身(写真はたい)…6切れ(40g)
だし汁………………カップ3
赤っぽいみそ………大さじ3

① 切る

長ねぎは縦4つ割りにし、3cm長さに切る。

② 煮る

鍋に長ねぎ、だし汁を入れて強火にかける。煮立ったら中火にし、長ねぎに火が通るまで煮る。

③ みそを溶く

みそを溶き入れ、ひと煮立ちしたら刺し身を加え、火を止める。

わかめ＋豆腐＋長ねぎ

材料（2人分）

乾燥わかめ…5g
豆腐（木綿でも絹ごしでも）……½丁（175g）
長ねぎ……½本
だし汁……カップ3
みそ……大さじ3

①切る

豆腐は水けをきって2cm角に切る。長ねぎは小口切りにする。

②煮る

鍋に乾燥わかめ、豆腐、だし汁を入れて強火にかける。煮立ったら中火にする。

③みそを溶く

わかめがもどったらみそを溶き入れ、ひと煮立ちしたら長ねぎを加え、火を止める。

わかめ＋長ねぎ＋ごま油

① 切る

長ねぎは斜め薄切りにする。

② 煮る

鍋に乾燥わかめ、長ねぎ、だし汁を入れて強火にかける。煮立ったら中火にする。

③ みそを溶く

わかめがもどったらみそを溶き入れ、ひと煮立ちしたら火を止め、ごま油を加え（ⓐ）る。

材料（2人分）

乾燥わかめ…………10ｇ
長ねぎ……………1本
だし汁……………カップ3
みそ………………大さじ3
ごま油……………小さじ2

ⓐ

わかめ＋ちくわ＋しょうが

① 切る

ちくわは斜め5㎜幅に切る。

② 煮る

鍋に乾燥わかめ、ちくわ、だし汁を入れて強火にかける。煮立ったら中火にする。

③ みそを溶く

わかめがもどったらみそを溶き入れ、しょうがを加えて（ⓐ）ひと煮立ちしたら火を止める。

材料（2人分）

乾燥わかめ………………5ｇ
ちくわ……………………2本
だし汁……………………カップ3
みそ………………………大さじ3
しょうがのすりおろし…小さじ½

キャベツ＋油揚げ＋にんじん

材料（2人分）

キャベツ……200g
油揚げ………½枚
にんじん……3㎝
だし汁………カップ3
みそ…………大さじ3

①切る

キャベツは3㎝角に切ってほぐす。油揚げはペーパータオルではさんで上からぎゅっと強く押し、余分な油を吸い取る（P16をチェック！）。半分に切って1㎝幅に切る。にんじんは皮をむいて短冊に切る。

②煮る

鍋にキャベツ、油揚げ、にんじん、だし汁を入れて強火にかける。煮立ったら中火にし、キャベツがやわらかくなるまで煮る。

③みそを溶く

みそを溶き入れ、ひと煮立ちしたら火を止める。

キャベツ＋豚薄切り肉＋長ねぎ

材料（2人分）

キャベツ	200g
豚薄切り肉（好みの部位で）	60g
長ねぎ	1本
だし汁	カップ3
みそ	大さじ3
好みで七味唐辛子	少量

① 切る

キャベツは2cm幅くらいのざく切りにする。豚肉は2cm幅に切る。長ねぎは斜め5mm幅に切る。

② 煮る

鍋にキャベツ、豚肉、長ねぎ、だし汁を入れて強火にかける。煮立ったら中火にし、キャベツがやわらかくなるまで煮る。

③ みそを溶く

みそを溶き入れ、ひと煮立ちしたら火を止める。器に盛り、好みで七味唐辛子をふる。

キャベツ＋しいたけ＋揚げ玉

① 切る

キャベツは2cm幅くらいのざく切りにする。しいたけは石づきを切り落とし、薄切りにする。

② 煮る

鍋にキャベツ、しいたけ、だし汁を入れて強火にかける。煮立ったら中火にし、キャベツがやわらかくなるまで煮る。

③ みそを溶く

みそを溶き入れ、ひと煮立ちしたら火を止め、揚げ玉を加える（ⓐ）。

材料（2人分）

キャベツ	200g
しいたけ	3枚
揚げ玉	大さじ2
だし汁	カップ3
みそ	大さじ3

ⓐ

揚げ玉でコクがぐんとアップ。

かぼちゃ＋鶏もも肉＋長ねぎ

材料（2人分）

かぼちゃ……1/8個（200g）
鶏もも肉……1/2枚（150g）
長ねぎ……1/2本
だし汁……カップ3
みそ……大さじ3

①切る

かぼちゃは種とわたを取り除き、一口大に切る。鶏肉は一口大に切る。長ねぎは斜め5㎜幅に切る。

グラグラしない向きに置き、押すように切れば、こわくない

②煮る

鍋にかぼちゃ、鶏肉、長ねぎ、だし汁を入れて強火にかける。煮立ったら弱火にし、5分ほど煮る（途中、アクが気になったら取り除く）。

③みそを溶く

みそを溶き入れ、ひと煮立ちしたら火を止める。

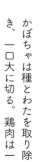

かぼちゃ+玉ねぎ+バター

① 切る

かぼちゃは種とわたを取り除き、1.5cm幅のくし形に切る。玉ねぎは芯を切り落とし（P 22をチェック！）、5mm幅のくし形に切ってほぐす。

② 煮る

鍋にかぼちゃ、玉ねぎ、だし汁を入れて強火にかける。煮立ったら中火にし、かぼちゃがやわらかくなるまで煮る。

③ みそを溶く

みそを溶き入れ、ひと煮立ちしたらバターを加え、火を止める。

材料（2人分）

かぼちゃ……………1/8個(200g)
玉ねぎ………………1/2個
だし汁………………カップ3
みそ…………………大さじ3
バター………………小さじ1

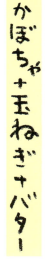

かぼちゃ＋しいたけ＋長ねぎ＋オリーブ油

① 切る

かぼちゃは種とわたを取り除き、一口大に切る。しいたけは石づきを切り落とし、4等分に切る。長ねぎは1cm幅のぶつ切りにする。

② 煮る

鍋にかぼちゃ、しいたけ、長ねぎ、だし汁を入れて強火にかける。煮立ったら中火にし、かぼちゃがやわらかくなるまで煮る。

③ みそを溶く

みそを溶き入れ、ひと煮立ちしたら火を止め、オリーブ油を加える（ⓐ）。

材料（2人分）

かぼちゃ……………1/8個(200g)
しいたけ……………4 枚
長ねぎ………………1/2 本
だし汁………………カップ 3
みそ…………………大さじ 3
オリーブ油…………小さじ 1

ⓐ

えのきだけ+ベーコン

材料（2人分）

えのきだけ…1パック（200g）
ベーコン……2枚
だし汁………カップ3
みそ…………大さじ3
好みで七味唐辛子…少量

①切る

えのきだけは石づきを切り落とし、長さを半分に切ってほぐす。ベーコンは1cm幅に切る。

②煮る

鍋にえのきだけ、ベーコン、だし汁を入れて強火にかける。煮立ったら中火にする。

③みそを溶く

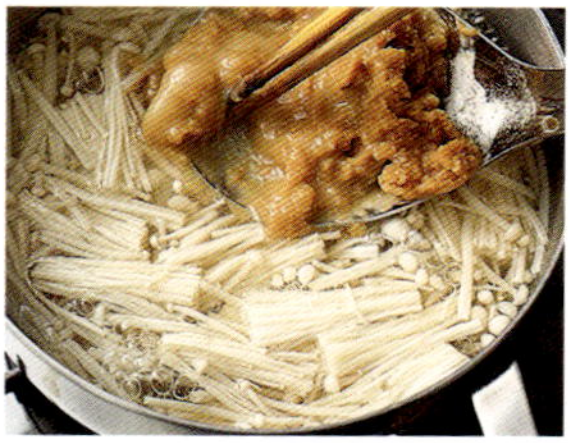

えのきだけが煮えたらみそを溶き入れ、ひと煮立ちしたら火を止める。器に盛り、好みで七味唐辛子をふる。

まいたけ＋ランチョンミート＋こしょう

① 切る

まいたけは根元を切り落とし、食べやすい大きさに裂く。ランチョンミートは半分に切り、1cm幅に切る。

② 煮る

鍋にまいたけ、ランチョンミート、だし汁を入れて強火にかける。煮立ったら中火にする。

③ みそを溶く

まいたけが煮えたらみそを溶き入れ、ひと煮立ちしたら火を止める。器に盛り、こしょうをふる。

材料（2人分）

まいたけ……………1パック（100g）
ランチョンミート…80g
だし汁………………カップ3
みそ…………………大さじ3
こしょう……………少量

なめこ＋豆腐＋万能ねぎ

① 切る

豆腐は水けをきって2cm角に切る。万能ねぎは小口切りにする。

② 煮る

鍋に豆腐、だし汁を入れて強火にかける。煮立ったら中火にし、なめこを加えてひと煮立ちさせる（ⓐ）。

③ みそを溶く

みそを溶き入れ、再びひと煮立ちしたら万能ねぎを加え、火を止める。

材料（2人分）

なめこ……………………1パック(85g)
豆腐(木綿でも絹ごしでも)…1丁(350g)
万能ねぎ……………………2本
だし汁………………………カップ3
赤っぽいみそ………………大さじ3

ⓐ

なす+みょうが+そうめん

材料（2人分）

なす……3本
みょうが……2個
ゆでたそうめん……40g（※乾麺で10g）
だし汁……カップ3
赤っぽいみそ…大さじ3

①切る

なすはへたを切り落とし、縦半分に切って斜めに薄切りにする。みょうがは小口切りにする。

ヘタはギザギザの根元に沿って切る

②煮る

鍋になす、だし汁を入れて強火にかける。煮立ったら中火にし、なすに火が通るまで煮る。

③みそを溶く

みそを溶き入れ、ひと煮立ちしたらゆでたそうめんを加えて火を止め、みょうがを加える。

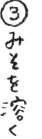

焼きなす＋しょうが

材料（2人分）

なす……………………2本
しょうがの薄切り…4枚
だし汁………………カップ3
みそ…………………大さじ3

① 切る

なすはへたを切り落とし（P46をチェック！）、5㎜幅の輪切りにする。しょうがはせん切りにする。

② 焼く

油を引かずにフライパンを中火で熱し、なすを並べて焼く（ⓐ）。両面に焦げめがついてやわらかくなったら取り出す。

③ みそを溶く

鍋にだし汁を入れて強火にかけ、煮立ったら中火にして焼きなすを加える。みそを溶き入れ、ひと煮立ちしたらしょうがを加え、火を止める。

なす＋厚揚げ

①切る

なすはへたを切り落とし（p 46をチェック！）、ピーラーで縞状に皮をまだらにむく（ⓐ）。縦4つ割りにし、長さを半分に切る。厚揚げは2cm角に切る。

②煮る

鍋になす、厚揚げ、だし汁を入れて強火にかける。煮立ったら中火にし、なすがやわらかくなるまで煮る。

③みそを溶く

みそを溶き入れ、ひと煮立ちしたら火を止める。

材料（2人分）

なす	3本
絹厚揚げ	1枚（100g）
だし汁	カップ3
赤っぽいみそ	大さじ3

白菜＋さば缶＋にんじん

材料（2人分）

- 白菜……200g
- さばの水煮缶……1缶（190g）
- にんじん……3cm
- 水……カップ3
- みそ……大さじ3

① 切る

うまみの宝庫「さば缶」でだしいらず

白菜は2cm幅くらいのざく切りにする。にんじんは皮をむいて短冊に切る。

② 煮る

鍋に白菜、にんじん、水を入れて強火にかける。煮立ったら中火にし、さばの水煮、缶の汁を加えて煮る。

③ みそを溶く

白菜の茎がやわらかくなったらみそを溶き入れ、ひと煮立ちしたら火を止める。

白菜＋油揚げ

① 切る

白菜は3cm四方に切る。油揚げはペーパータオルではさんで上からぎゅっと強く押し、余分な油を吸い取り（P16をチェック！）、3cm四方に切る。

② 煮る

鍋に白菜、油揚げ、だし汁を入れて強火にかける。煮立ったら中火にし、白菜がやわらかくなるまで煮る。

③ みそを溶く

みそを溶き入れ、ひと煮立ちしたら火を止める。

材料（2人分）

白菜	200g
油揚げ	1枚
だし汁	カップ3
みそ	大さじ3

白菜＋鶏もも肉

① 切る

白菜は3cm四方に切る。鶏もも肉は一口大に切る。

② 煮る

鍋に白菜、鶏肉、だし汁を入れて強火にかける。煮立ったら弱火にし、7分ほど煮る（途中、アクが気になったら取り除き、だし汁が煮つまったら水を適宜足す）。

③ みそを溶く

鶏肉がやわらかくなったら（ⓐ）みそを溶き入れ、ひと煮立ちしたら火を止める。

材料（2人分）

白菜……………………200ｇ
鶏もも肉……………小１枚（250ｇ）
だし汁………………カップ３
みそ……………………大さじ３

ⓐ

もやし＋さやいんげん＋しいたけ

材料（2人分）

もやし……1袋（200g）
さやいんげん…50g
しいたけ……2枚
だし汁……カップ3
みそ……大さじ3

① 切る

根っこをプチッ！

もやしは気になるようならひげ根を取る。さやいんげんは成り口と先のとがったところを切り落とし（P58をチェック！）、斜め3cm幅に切る。しいたけは石づきを切り落とし、薄切りにする。

② 煮る

鍋にもやし、しいたけ、さやいんげん、だし汁を入れて強火にかける。煮立ったら中火にし、さやいんげんがやわらかくなるまで煮る。

③ みそを溶く

みそを溶き入れ、ひと煮立ちしたら火を止める。

もやし＋にら

① 切る

もやしは気になるようならひげ根を取る（P 54をチェック！）。にらは3cm長さに切る（根元は切り落とさない）。

② 煮る

鍋にもやし、にら、だし汁を入れて強火にかける。煮立ったら中火にし、もやしに火が通るまで煮る。

③ みそを溶く

みそを溶き入れ、ひと煮立ちしたら火を止める。

材料（2人分）

もやし……………… 1 袋（200g）
にら………………… ½束
だし汁……………… カップ 3
みそ………………… 大さじ 3

もやし＋豚ひき肉＋万能ねぎ

材料（2人分）

もやし……………1袋(200g)
豚ひき肉…………50g
万能ねぎ…………3本
だし汁……………カップ3
みそ………………大さじ3

ⓐ

① 切る

もやしは気になるようならひげ根を取る（P 54をチェック！）。万能ねぎは3cm長さに切る。

② 煮る

鍋にもやし、万能ねぎ、だし汁を入れて強火にかける。煮立ったら中火にし、豚ひき肉を直径2cmくらいにちぎりながら加える(ⓐ)。

③ みそを溶く

豚ひき肉の中まで火が通ったらみそを溶き入れ、ひと煮立ちしたら火を止める。

さやいんげん＋厚揚げ＋玉ねぎ

材料（2人分）

さやいんげん……100g
絹厚揚げ……1枚（100g）
玉ねぎ……½個
だし汁……カップ3
みそ……大さじ3

① 切る

さやいんげんは成り口と先のとがったところを切り落とし、3cm長さに切る。玉ねぎは芯を切り落とし（P22をチェック！）、5mm幅のくし形に切ってほぐす。厚揚げは半分に切って1cm幅に切る。

両方の端っこをカット！

② 煮る

鍋にさやいんげん、厚揚げ、玉ねぎ、だし汁を入れて強火にかける。煮立ったら中火にし、さやいんげんがやわらかくなるまで煮る。

③ みそを溶く

みそを溶き入れ、ひと煮立ちしたら火を止める。

さやいんげん＋にんじん＋ちくわ

① 切る

さやいんげんは成り口と先のとがったところを切り落とし（P 58をチェック！）、斜め3cm幅に切る。にんじんは皮をむき、短冊に切る。ちくわは4つ割りにして3cm長さに切る。

② 煮る

鍋にさやいんげん、にんじん、ちくわ、だし汁を入れて強火にかける。煮立ったら中火にし、さやいんげんがやわらかくなるまで煮る。

③ みそを溶く

みそを溶き入れ、ひと煮立ちしたら火を止める。

材料（2人分）

さやいんげん………100g
にんじん……………½ 本
ちくわ………………1 本
だし汁………………カップ 3
みそ…………………大さじ 3

さやいんげん＋えのきだけ＋豚薄切り肉

①切る

さやいんげんは成り口と先のとがったところを切り落とし（p58をチェック！）、3cm長さに切る。えのきだけは石づきを切り落とし、長さを半分に切ってほぐす。豚薄切り肉は2～3cm幅に切る。

②煮る

鍋にさやいんげん、えのきだけ、豚肉、だし汁を入れて強火にかける。煮立ったら中火にし、さやいんげんがやわらかくなるまで煮る。

③みそを溶く

みそを溶き入れ、ひと煮立ちしたら火を止める。

材料（2人分）

さやいんげん…………100g
えのきだけ……………1パック（200g）
豚薄切り肉（好みの部位で）…80g
だし汁……………………カップ3
みそ………………………大さじ3

ほうれん草＋卵

材料（2人分）

ほうれん草……½束（120g）
卵……2個
だし汁……カップ3
みそ……大さじ3

①切る

十字に切って

根元をよく洗おう

ほうれん草は包丁で根元に十字に切り目を入れ、根元をよく洗う。水けをきって3㎝くらいのざく切りにする。卵は割りほぐす。

②煮る

鍋にだし汁を入れて強火にかける。煮立ったら中火にし、ほうれん草を加えてしんなりするまで煮る。

③みそを溶く

みそを溶き入れ、ひと煮立ちしたら溶き卵を少しずつ流し入れる。卵に火が通ったら火を止める。

ほうれん草＋粒コーン＋バター

青菜

① 切る

ほうれん草は包丁で根元に十字に切り目を入れ、根元をよく洗う（P 62をチェック！）。水けをきって3cmくらいのざく切りにする。

② 煮る

鍋にだし汁を入れて強火にかける。煮立ったら中火にし、ほうれん草を加えてしんなりするまで煮る。

③ みそを溶く

コーンを加え（ⓐ）、みそを溶き入れる。ひと煮立ちしたらバターを加え、火を止める。

材料（2人分）

ほうれん草…………½束(120g)
粒コーン……………カップ1
だし汁………………カップ3
みそ…………………大さじ3
バター………………小さじ1

ⓐ

チンゲン菜＋にんじん＋豚薄切り肉

① 切る

チンゲン菜は葉と茎に分け、葉はざく切り、茎は8つ割りにする。にんじんは皮をむいて短冊に切る。豚薄切り肉は3cm幅に切る。

② 煮る

鍋にチンゲン菜、にんじん、豚肉、だし汁を入れて強火にかける。煮立ったら中火にし、チンゲン菜の茎がやわらかくなるまで煮る。

③ みそを溶く

みそを溶き入れ、ひと煮立ちしたら火を止める。

材料（2人分）

チンゲン菜…………2株
にんじん……………½本
豚薄切り肉（好みの部位で）…40g
だし汁………………カップ3
みそ…………………大さじ3

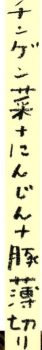

春菊＋厚揚げ＋すりごま

① 切る

春菊は根元のかたいところを切り落とし、3cm長さに切る。厚揚げは2cm角に切る。

② 煮る

鍋に春菊の茎のほう、厚揚げ、だし汁を入れて強火にかける。煮立ったら中火にし、茎がしんなりしたら葉を加えて煮る。

③ みそを溶く

春菊の葉もしんなりしたらみそを溶き入れ、ひと煮立ちしたら火を止め、すりごまを加える（ⓐ）。

材料（2人分）

春菊	1束（100g）
絹厚揚げ	1枚（100g）
だし汁	カップ3
みそ	大さじ3
すり白ごま	大さじ2

ⓐ

小松菜＋豆腐＋しいたけ

① 切る

小松菜は根元を切り落とし、3cm長さに切る。木綿豆腐は手で2cm角くらいにちぎる。しいたけは石づきを切り落とし、薄切りにする。

② 煮る

鍋に小松菜、豆腐、しいたけ、だし汁を入れて強火にかける。煮立ったら中火にし、小松菜がやわらかくなるまで煮る。

③ みそを溶く

みそを溶き入れ、ひと煮立ちしたら火を止める。

材料（2人分）

小松菜……………………½束（150g）
木綿豆腐…………………½丁（175g）
しいたけ…………………2枚
だし汁……………………カップ3
みそ………………………大さじ3

落とし卵＋玉ねぎ

材料（2人分）

卵……………………2個
玉ねぎ………………1個
だし汁………………カップ3
みそ…………………大さじ3
好みでこしょう…少量

① 切る

小さめの容器2個に卵を1個ずつ割り入れる。玉ねぎは半分に切って芯を切り落とし（P22をチェック！）、1cm幅のくし形に切ってほぐす。

② 煮る

鍋に玉ねぎ、だし汁を入れて強火にかける。煮立ったら中火にし、玉ねぎがやわらかくなるまで煮る。卵を静かに加え、かたまるまで2～3分煮る。

③ みそを溶く

みそを溶き入れ、ひと煮立ちしたら火を止める。器に盛り、好みでこしょうをふる。

落とし卵＋にら

材料（2人分）

卵	2個
にら	1束
だし汁	カップ3
みそ	大さじ3

① 切る

小さめの容器2個に卵を1個ずつ割り入れる。にらは3cm長さに切る（根元は切り落とさない）。

② 煮る

鍋ににら、だし汁を入れて強火にかける。煮立ったら中火にする。にらがしんなりしたら卵を静かに加え（ⓐ）、かたまるまで2～3分煮る。

ⓐ

卵黄やや固めは「3分」

③ みそを溶く

みそを溶き入れ、ひと煮立ちしたら火を止める。

落とし卵+もやし

① 切る

小さめの容器2個に卵を1個ずつ割り入れる。もやしは気になるようならひげ根を取る（P 54をチェック！）。

② 煮る

鍋にもやし、だし汁を入れて強火にかける。煮立ったら中火にし、もやしに火が通るまで煮る。卵を静かに加え（ⓐ）、かたまるまで2～3分煮る。

③ みそを溶く

みそを溶き入れ、ひと煮立ちしたら火を止める。

半熟は「2分」

材料（2人分）

卵……………………2個
もやし………………1袋(200g)
だし汁………………カップ3
みそ…………………大さじ3

ⓐ

にら＋長ねぎ＋豚薄切り肉

材料（2人分）

- にら……1束
- 長ねぎ……½本
- 豚薄切り肉（好みの部位で）……50g
- だし汁……カップ3
- みそ……大さじ3

① 切る

にらは3cm長さに切る（根元は切り落とさない）。長ねぎは斜めに薄切りにする。豚薄切り肉は2cm幅に切る。

にらは根元が一番おいしい！

② 煮る

鍋ににら、長ねぎ、豚肉、だし汁を入れて強火にかける。煮立ったら中火にし、長ねぎがやわらかくなるまで煮る。

③ みそを溶く

みそを溶き入れ、ひと煮立ちしたら火を止める。

にら＋厚揚げ＋しめじ

①切る

にらは3cm長さに切る（根元は切り落とさない）。厚揚げは半分に切って1cm幅に切る。しめじは石づきを切り落としてほぐす。

②煮る

鍋ににら、厚揚げ、しめじ、だし汁を入れて強火にかける。煮立ったら中火にし、しめじがしんなりするまで煮る。

③みそを溶く

みそを溶き入れ、ひと煮立ちしたら火を止める。

材料（2人分）

にら……………1束
絹厚揚げ………1枚（100g）
しめじ…………1パック（100g）
だし汁…………カップ3
みそ……………大さじ3

にら＋豚ひき肉

材料（2人分）

にら……………………1束
豚ひき肉……………50g
だし汁………………カップ3
みそ…………………大さじ3

①切る

にらは1cm長さに切る（根元は切り落とさない）。

②煮る

鍋ににら、だし汁を入れて強火にかける。煮立ったら中火にし、豚ひき肉を直径2cmくらいにちぎりながら加える（ⓐ）。

③みそを溶く

豚ひき肉の中まで火が通ったらみそを溶き入れ、ひと煮立ちしたら火を止める。

長いも+しめじ

材料（2人分）

長いも……10cm（150g）
しめじ……1パック（100g）
だし汁……カップ3
みそ……大さじ3

① 切る

長いもは皮をむき、1cm幅のいちょう切りにする。しめじは石づきを切り落としてほぐす。

② 煮る

鍋に長いも、しめじ、だし汁を入れて強火にかける。煮立ったら中火にし、長いもに火が通るまで煮る。

③ みそを溶く

みそを溶き入れ、ひと煮立ちしたら火を止める。

すり長いも＋豆腐＋万能ねぎ

材料（2人分）

長いも……………………10cm（150g）
豆腐（木綿でも絹ごしでも）
……………………………1丁（350g）
卵…………………………1個
万能ねぎ…………………1本
だし汁……………………カップ3
みそ………………………大さじ3

ⓐ

ⓑ

① 切る

長いもは皮をむいてすりおろし、卵を加えてよく混ぜる（ⓐ）。豆腐は水けをきって1cm角に切る。万能ねぎは小口切りにする。

② 煮る

鍋に豆腐、だし汁を入れて強火にかける。煮立ったら中火にし、豆腐が温まるまで煮る。

③ みそを溶く

みそを溶き入れ、再び煮立ったら、長いものすりおろしを流し入れて火を通す（ⓑ）。器に盛り、万能ねぎを散らす。

長いも＋温泉卵

① 切る

長いもは皮をむき、太めのせん切りにする。

② みそを溶く

鍋にだし汁を入れて強火にかける。煮立ったら中火にし、みそを溶き入れる。再び煮立ったら長いもを加え（ⓐ）、さっと火を通す。器に温泉卵を割り入れ（ⓑ）、みそ汁を静かに注ぐ。

材料（2人分）

長いも……………………10cm（150g）
温泉卵……………………2個
だし汁……………………カップ3
みそ………………………大さじ3

トマトオクラ

材料（2人分）

トマト……1個
オクラ……6本
だし汁……カップ3
赤っぽいみそ……大さじ3

① 切る

トマトはへたを取り、2cm角に切る。オクラはがくのまわりをぐるりとむき、小口切りにする。

筋っぽい部分をぐるりとむく

② 煮る

鍋にだし汁を入れて強火にかける。煮立ったら中火にし、オクラ、トマトを加えてさっと煮る。

③ みそを溶く

みそを溶き入れ、ひと煮立ちしたら火を止める。

トマト＋青じそ

① 切る

トマトはへたを取り、8等分のくし形に切る。青じそはせん切りにする。

② 煮る

鍋にだし汁を入れて強火にかける。煮立ったら中火にし、トマトを加えてさっと煮る。

③ みそを溶く

みそを溶き入れ、ひと煮立ちしたら火を止め、青じそを加える。

材料（2人分）

トマト……………………1個
青じそ……………………6枚
だし汁……………………カップ3
みそ………………………大さじ3

暑い日は
キンと冷やしても◎

トマト＋さつま揚げ

①切る

トマトはへたを取り、2cm角に切る。さつま揚げは半分に切って1cm幅に切る。

②煮る

鍋にさつま揚げ、だし汁を入れて強火にかける。煮立ったら中火にする。再び煮立ったらトマトを加えてさっと煮る。

③みそを溶く

みそを溶き入れ、ひと煮立ちしたら火を止める。

材料（2人分）

トマト…………………1個
さつま揚げ…………2枚
だし汁………………カップ3
赤っぽいみそ………大さじ3

ごぼう＋にんじん＋油揚げ＋いりごま

材料（2人分）

ごぼう……大1/3本（100g）
にんじん……1/2本
油揚げ……1/2枚
いり白ごま…大さじ1
だし汁……カップ3
みそ……大さじ3

①切る

ごぼうは皮をこそげて斜めに薄切りにし、せん切りにする。にんじんは皮をむき、せん切りにする。油揚げはペーパータオルではさんで上からぎゅっと強く押し、余分な油を吸い取る（P16をチェック!）。半分に切り、1cm幅に切る。ごまは包丁で刻む。

いい香りが出るまで刻んで

②煮る

鍋にごぼう、にんじん、油揚げ、だし汁を入れて強火にかける。煮立ったら中火にし、ごぼうに火が通るまで煮る。

③みそを溶く

みそを溶き入れ、ひと煮立ちしたら火を止め、切りごまを加える。

ごぼう＋合いびき肉＋三つ葉

①切る

ごぼうは皮をこそげてピーラーでささがきにし、水にさらす（ⓐ）。三つ葉は3cm長さに切る。

②煮る

鍋に水けをきったごぼう、だし汁を入れて強火にかける。煮立ったら中火にし、合いびき肉を直径2cmくらいにちぎりながら加える（ⓑ）。

③みそを溶く

合いびき肉の中まで火が通ったらみそを溶き入れ、ひと煮立ちしたら三つ葉を加え、火を止める。

材料（2人分）

ごぼう……………大⅓本（100g）
合いびき肉…………50g
三つ葉……………⅓束
だし汁……………カップ3
みそ………………大さじ3

ⓐ

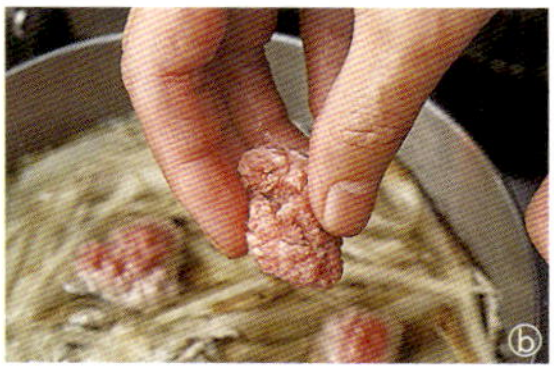
ⓑ

ごぼう＋牛こま切れ肉＋万能ねぎ

① 切る

ごぼうは皮をこそげて斜めに薄切りにする。牛こま切れ肉は2cm幅に切る。万能ねぎは2cm長さに切る。

② 煮る

鍋にごぼう、牛肉、だし汁を入れて強火にかける。煮立ったら中火にし、アクを取り除く。

③ みそを溶く

ごぼうに火が通ったらみそを溶き入れ、ひと煮立ちしたら万能ねぎを加え、火を止める。

材料（2人分）

ごぼう……………………大1/3本（100g）
牛こま切れ肉………80g
万能ねぎ………………4本
だし汁…………………カップ3
赤っぽいみそ………大さじ3

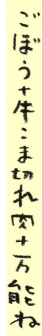

里いも＋鶏もも肉

材料（2人分）

- 里いも……3個（200g）
- 鶏もも肉……½枚（150g）
- だし汁……カップ3
- みそ……大さじ3

① 切る

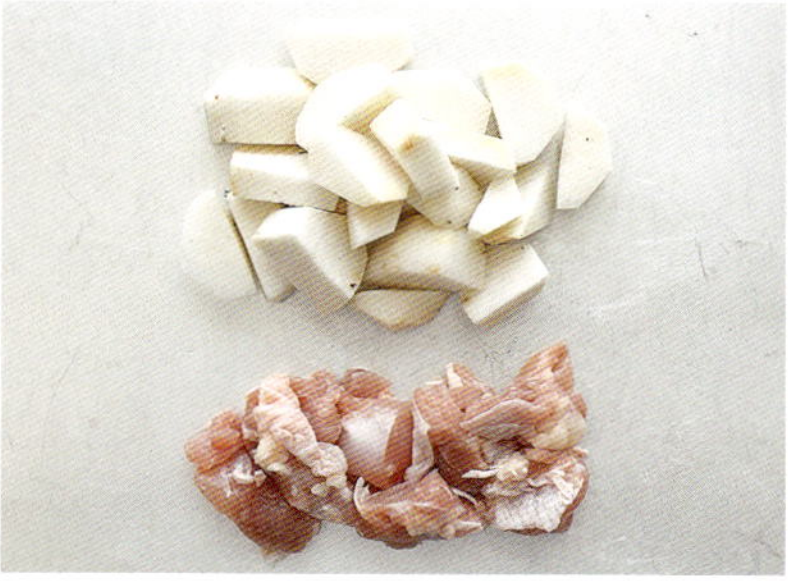

里いもは皮をむき、1.5cm幅の半月切りにする。鶏もも肉は一口大に切る。

上下を切ってから皮をむくとラク

② 煮る

鍋に里いも、鶏肉、だし汁を入れて強火にかける。煮立ったら中火にし、里いもがやわらかくなるまで15分ほど煮る。

③ みそを溶く

みそを溶き入れ、ひと煮立ちしたら火を止める。

ゆずの皮を加えても
おいしいよ

さつまいも＋豚薄切り肉＋にんにく

材料（2人分）

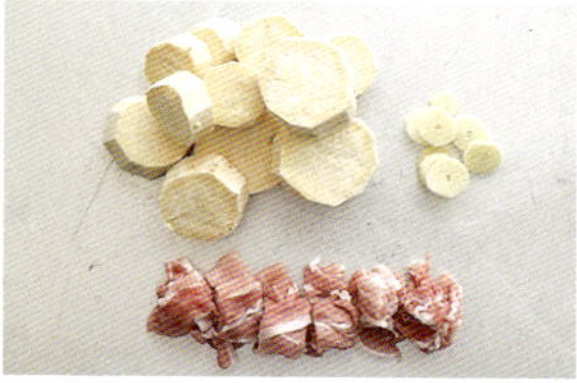

さつまいも…………1本(180g)
豚薄切り肉(好みの部位で)…60g
にんにく(好みで)……1かけ
だし汁………………カップ3
みそ…………………大さじ3

① 切る

さつまいもは皮をむいて1.5cm幅の輪切りにする。豚薄切り肉は3cm幅に切る。にんにくは薄切りにする。

② 煮る

鍋にさつまいも、豚肉、にんにく、だし汁を入れて強火にかける。煮立ったら中火にし、さつまいもがやわらかくなるまで煮る。

③ みそを溶く

みそを溶き入れ、ひと煮立ちしたら火を止める。

さつまいも＋長ねぎ

材料（2人分）

さつまいも…………1本(180g)
長ねぎ………………1本
だし汁………………カップ3
みそ…………………大さじ3

①切る

さつまいもは皮をむかずに1.5cm幅の半月切りにする。長ねぎは1cm幅のぶつ切りにする。

②煮る

鍋にさつまいも、長ねぎ、だし汁を入れて強火にかける。煮立ったら中火にし、さつまいもがやわらかくなるまで煮る。

③みそを溶く

みそを溶き入れ、ひと煮立ちしたら火を止める。

豆苗＋ごま油

材料（2人分）

豆苗……………………1袋（350g）
ごま油…………………小さじ2
だし汁…………………カップ3
みそ……………………大さじ3
好みで七味唐辛子…少量

① 切る

豆苗は根元を切り落とし、5cm長さに切る。

② 煮る

鍋にごま油を中火で熱し、豆苗を炒める（ⓐ）。しんなりしたらだし汁を加え、ひと煮する。

③ みそを溶く

みそを溶き入れ（ⓑ）、ひと煮立ちしたら火を止める。器に盛り、好みで七味唐辛子をふる。

きゅうり＋厚揚げ＋しょうが

①切る

きゅうりは皮をむき、太めのせん切りにする。厚揚げは半分に切って1cm幅に切る。しょうがはせん切りにする。

②煮る

鍋にきゅうり、厚揚げ、だし汁を入れて強火にかける。煮立ったら中火にし、きゅうりがやわらかくなるまで煮る。

③みそを溶く

しょうがを加え（ⓐ）、みそを溶き入れ、ひと煮立ちしたら火を止める。

材料（2人分）

きゅうり……………1本
絹厚揚げ……………1枚（100g）
しょうがの薄切り…4枚
だし汁………………カップ3
みそ…………………大さじ3

レタス＋揚げ玉

材料（2人分）

レタス……………………¼個
揚げ玉……………………大さじ2
だし汁……………………カップ3
みそ………………………大さじ3

① 切る

レタスは4㎝四方に切る。

② 煮る

鍋にだし汁を入れて強火にかける。煮立ったら中火にし、レタスを加えて1分ほど煮る（ⓐ）。

③ みそを溶く

みそを溶き入れ、ひと煮立ちしたら火を止め、揚げ玉を加える（ⓑ）。

ⓐ

ⓑ

カリフラワー＋オリーブ油＋カレー粉

材料（2人分）

カリフラワー………300g
だし汁…………………カップ3
みそ……………………大さじ3
オリーブ油…………小さじ1
カレー粉……………小さじ⅓

① 切る

カリフラワーは小さめの小房に切る（ⓐ。茎に切り目を入れて割ると、花がボロボロ落ちない）。

② 煮る

鍋にカリフラワー、だし汁を入れて強火にかける。煮立ったら中火にし、カリフラワーが好みのやわらかさになるまで煮る。

③ みそを溶く

みそを溶き入れ、ひと煮立ちしたらオリーブ油、カレー粉を加え（ⓑ）、火を止める。

ブロッコリー＋魚ボール＋長ねぎ

材料（2人分）

ブロッコリー………300ｇ
魚ボール（だんご形さつま揚げ）…6 個（60g）
長ねぎ………………½ 本
だし汁………………カップ 3
みそ…………………大さじ 3

ⓐ

① 切る

ブロッコリーは花と茎に切り分ける。茎は皮を厚くむき（ⓐ）、7㎜幅の輪切りにする。花は小さめの小房に分ける。長ねぎは5㎜幅の小口切りにする。

② 煮る

鍋にブロッコリー、長ねぎ、魚ボール、だし汁を入れて強火にかける。煮立ったら中火にし、ブロッコリーがやわらかくなるまで5分ほど煮る。

③ みそを溶く

みそを溶き入れ、ひと煮立ちしたら火を止める。

ズッキーニ＋ひき割り納豆＋長ねぎ

①切る

ズッキーニは5㎜幅の半月切りにする。長ねぎは斜めに薄切りにする。

②煮る

鍋にズッキーニ、長ねぎ、だし汁を入れて強火にかける。煮立ったら中火にし、ズッキーニがやわらかくなるまで煮る。

③みそを溶く

みそを溶き入れ、納豆を加え（ⓐ）、ひと煮立ちしたら火を止める。

材料（2人分）

ズッキーニ	1本
ひき割り納豆	1パック
長ねぎ	1/2本
だし汁	カップ3
赤っぽいみそ	大さじ3

ⓐ

かぶ＋かぶの葉＋油揚げ

①切る

かぶは皮を厚めにむき（ⓐ）、一口大に切る。葉は3cm長さに切る。油揚げはペーパータオルではさんで上からぎゅっと強く押し、余分な油を吸い取る（P 16をチェック！）。半分に切り、1cm幅に切る。

②煮る

鍋にかぶ、かぶの葉、油揚げ、だし汁を入れて強火にかける。煮立ったら中火にし、かぶがやわらかくなるまで煮る。

③みそを溶く

みそを溶き入れ、ひと煮立ちしたら火を止める。

材料（2人分）

かぶ……………………3 個(500g)
かぶの葉……………3 個分
油揚げ………………½ 枚
だし汁………………カップ 3
みそ……………………大さじ 3

ⓐ

かぶの皮の細切りとかぶの葉の小口切りは、塩少量をふって塩もみに↓

魚介・変わり・漬け物のみそ汁

あさりのみそ汁

材料（2人分）

あさり（殻つき）……200g
だし昆布……5cm四方1枚
水……カップ3
みそ……大さじ3

海水くらいの濃度の塩水を用意する。水カップ3に対して塩18g（ともに分量外）をボウルに入れる。

① 砂抜き

塩水を入れたボウルにあさりを入れ、暗いところにひと晩ほど置き、砂をはかせる。

② 洗う

あさりの殻と殻をこすり合わせて洗い、水けをきる。

③ 煮る

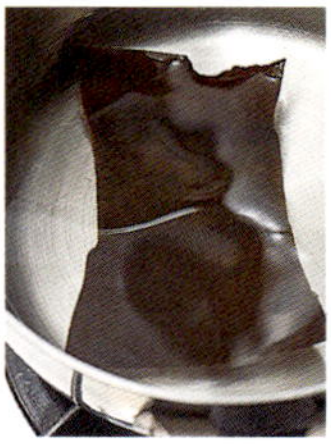

鍋にだし昆布、水を入れて昆布がふやけるまで15分ほど置き、あさりを加える。鍋を中火にかけ、アクが出てきたら取り除く。

④ みそを溶く

あさりの口が開いたら昆布を取り除き、みそを溶き入れる。ひと煮立ちしたら火を止める。

しじみとしょうがのみそ汁

材料（2人分）

しじみ……200g
だし昆布……5cm四方1枚
水……カップ3
みそ……大さじ3
しょうがのせん切り……薄切り4枚分

① 砂抜き

しじみはたっぷりの真水に1時間ほどつけ、泥をはかせる。

② 洗う

しじみの殻と殻をこすり合わせて洗い、水けをきる。

③ 昆布をふやかす

鍋にだし昆布、水を入れて昆布がふやけるまで15分ほど置く。

④ 煮る

鍋にしじみを加えて中火にかけ、口が開くまで煮る。

⑤ みそを溶く

昆布を取り除き、みそを溶き入れる。しょうがを加え、ひと煮立ちしたら火を止める。

さけのみそ粕汁

材料（2人分）

- 生ざけ……1切れ
- 大根……3㎝（250g）
- 長ねぎ……½本
- にんじん……5㎝
- だし汁……カップ3
- 酒粕……大さじ3
- みそ……大さじ3

① 切る

さけは4等分に切る。大根は皮をむいて5㎜幅のいちょう切り、にんじんは皮をむいて薄い半月切りにする。長ねぎは斜め1㎝幅に切る。

② 酒粕を溶く

酒粕を小さめの容器に入れ、分量のだし汁から適量を加え、よく混ぜてみそと同じくらいのやわらかさにする。

③ 煮る

鍋にさけ、大根、にんじん、長ねぎ、だし汁を入れて強火にかける。煮立ったら中火にし、溶いた酒粕を加える。

④ みそを溶く

大根がややわらかくなったらみそを溶き入れ、ひと煮立ちしたら火を止める。

たいのあら汁

材料（2人分）

たいの頭……1尾分
だし昆布……5cm四方1枚
しょうがの薄切り……4枚
酒……大さじ3
水……カップ3
みそ……大さじ3

① 塩をふる

たいの頭は塩小さじ1（分量外）をふり、塩が溶けるまで10〜15分置く。

② 下ゆでする

鍋にたっぷりの湯を沸かし、たいの頭を入れる。目玉が白くなり、表面に火が通ったら取り出す。

③ 掃除する

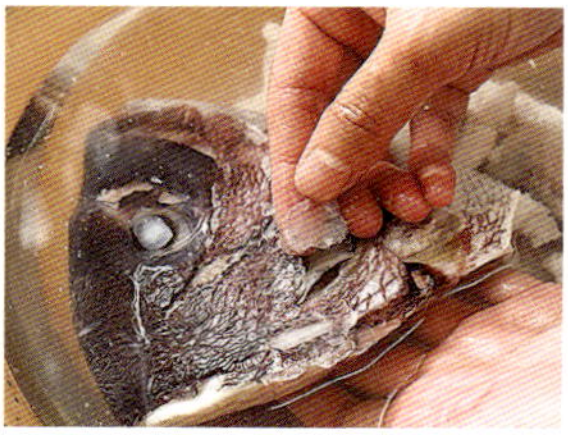

たいの頭を水で洗い、うろこを手でこそげ取る。

④ 煮る

鍋にたいの頭、だし昆布、しょうが、酒、水を入れて強火にかける。煮立ったら中火にし、アクを取り除き、たいの頭に火が通るまで煮る。

⑤ みそを溶く

みそを溶き入れ、ひと煮立ちしたら火を止める。

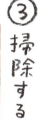

みそけんちん汁

材料（2人分）

大根……2cm（160g）
にんじん……½本
長いも……10cm（150g）
長ねぎ……1本
木綿豆腐……½丁（175g）
サラダ油……小さじ2
だし汁……カップ3
赤っぽいみそ……大さじ3

① 切る

大根、にんじん、長いもは皮をむき、2cm角に切る。長ねぎは2cm幅のぶつ切りにする。木綿豆腐は軽く水けをきり、手で2cm角くらいにちぎる。

② 炒める

鍋にサラダ油を中火で熱し、大根、にんじん、長ねぎを2～3分炒める。

③ 煮る

だし汁を加え、長いも、豆腐も加えて大根がやわらかくなるまで煮る。

④ みそを溶く

みそを溶き入れ、ひと煮立ちしたら火を止める。

みそカレーシチュー

材料（2人分）

鶏もも肉……小1枚（250g）
長ねぎ……1本
長いも……10cm（150g）
顆粒だしの素……小さじ½
顆粒鶏がらスープの素……小さじ½
水……カップ2
豆乳（成分無調整）……カップ1½
みそ……大さじ2
カレールウ……1かけ（20g）

① 切る

鶏もも肉は一口大に切る。長ねぎは斜め2cm幅に切る。長いもは皮をむき、2cm幅の半月切りにする。

② 煮る

鍋に鶏肉、長ねぎ、長いも、だしの素、鶏がらスープの素、水を入れて強火にかける。煮立ったらアクを取り除き、中火にして8分ほど煮る。

③ みそを溶き、豆乳を注ぐ

みそを溶き入れ、豆乳を注ぐ。

④ カレールウを加える

カレールウを加えて混ぜながら煮る。とろみがついたら火を止める。

野菜冷や汁

材料（2人分）

きゅうり……1本
木綿豆腐……½丁（175g）
塩……小さじ¼
みそ……大さじ3〜4
冷たいだし汁……カップ3
すり白ごま…大さじ3
好みでごはん……適量

① 切る

きゅうりは薄い輪切りにする。木綿豆腐は食べやすい大きさにちぎる。

② 塩もみする

きゅうりは塩をふって軽くもみ、しんなりしたら水けをぎゅっと絞る。

③ みそを焼く

金属製のへらや大きめのスプーンにみそを塗り、焦げるまで直火であぶる。

④ みそを溶く

ボウルに冷たいだし汁を入れ、あぶったみそを溶く。

⑤ 具を加える

きゅうり、豆腐、すりごまを加えて混ぜる。器に盛り、好みでごはんにかけて食べる。

たっぷりのごまは
コク出しに不可欠

みそ豆乳しょうが汁

材料（2人分）

- 小松菜……2株
- 長ねぎ……1本
- にんじん……3cm
- 豚薄切り肉（好みの部位で）……80g
- しょうが……1かけ
- 濃いめのだし汁……カップ2
- 豆乳（成分無調整）……カップ1
- みそ……大さじ3

① 切る

小松菜は4cm長さのざく切りにする。長ねぎは斜めに薄切りにする。にんじんは皮をむき、せん切りにする。豚薄切り肉は1.5cm幅に切る。しょうがはすりおろす。

② 煮る

鍋に小松菜、長ねぎ、にんじん、豚肉、だし汁を入れて強火にかける。煮立ったら中火にし、長ねぎがやわらかくなるまで煮る。

③ みそを溶く

みそを溶き入れ、しょうがを加える。

④ 豆乳を加える

ひと煮立ちしたら豆乳を加え、再度ひと煮立ちしたら火を止める。

高菜漬け＋豚ひき肉＋にんにく

材料（2人分）

- みじん切りの高菜漬け……50g
- 豚ひき肉……80g
- にんにくの薄切り……½かけ分
- だし汁……カップ3
- みそ……大さじ2

① ひき肉を煮る

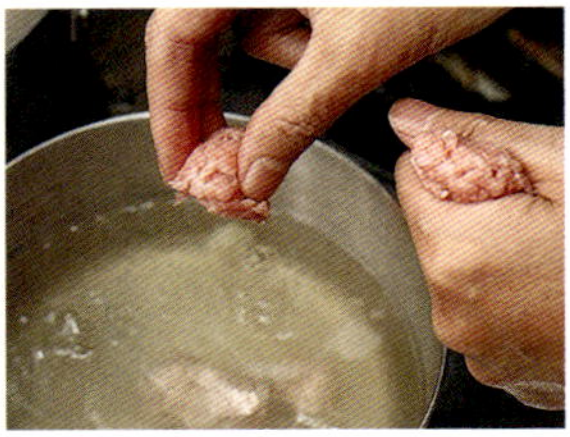

鍋にだし汁を入れて強火にかけ、煮立ったら中火にし、にんにくを加える。豚ひき肉を直径2cmくらいにちぎりながら加える。

② 高菜漬けを加える

ひき肉の中まで火が通ったら高菜漬けを加えてさっと煮る。

③ みそを溶く

みそを溶き入れ、ひと煮立ちしたら火を止める。

具の漬け物には
塩分があるので、
通常のみそ汁よりも
みその分量はひかえめに。

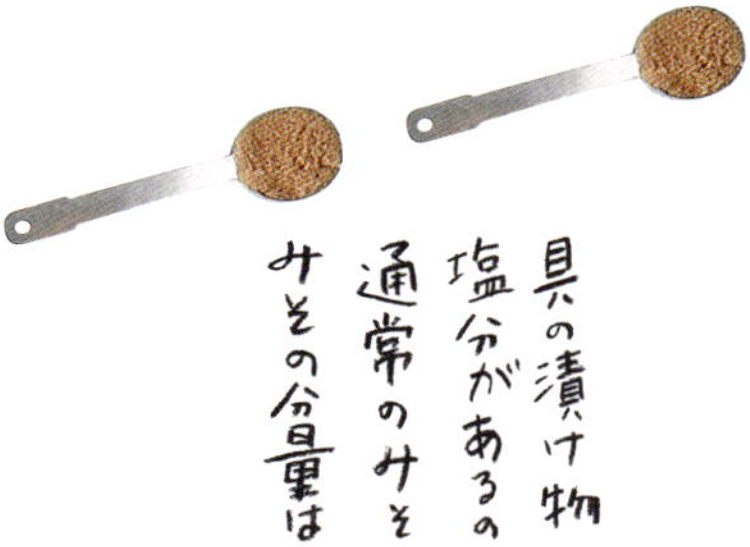

白菜漬け＋卵

① 切る

白菜漬けはさっと水洗いして塩けを抜き(ⓐ)、1.5㎝幅のざく切りにする。卵は割りほぐす。

② 煮る

鍋に白菜漬け、だし汁を入れて強火にかける。煮立ったら中火にし、白菜漬けがやわらかくなるまで煮る。

③ みそを溶く

みそを溶き入れ、ひと煮立ちしたら溶き卵を回し入れ(ⓑ)、卵がふわっと浮いてきたら火を止める。

材料（2人分）

白菜漬け……………100g
卵…………………………1個
だし汁……………………カップ3
みそ………………………大さじ2

ⓐ

ⓑ

野沢菜漬け＋厚揚げ

材料（2人分）

野沢菜漬け…………100g
絹厚揚げ……………1 枚（100g）
だし汁………………カップ 3
みそ…………………大さじ 2

① 切る

野沢菜漬けは1cm長さに切る。厚揚げは2cm角に切る。

② 煮る

鍋に野沢菜漬け、厚揚げ、だし汁を入れて強火にかける。煮立ったら中火にし、野沢菜漬けがやわらかくなるまで煮る。

③ みそを溶く

みそを溶き入れ、ひと煮立ちしたら火を止める。

白菜キムチ＋さば缶＋長ねぎ

材料（2人分）

白菜キムチ	120g
さばの水煮缶	1 缶（190g）
長ねぎ	½ 本
水	カップ 3
みそ	大さじ 2

① 切る

白菜キムチは3cm幅に切る（切れているものはそのまま使う）。長ねぎは斜めに薄切りにする。

② 煮る

鍋に白菜キムチ、長ねぎ、水を入れて強火にかける。煮立ったら中火にし、さばの水煮、缶の汁を加え（ⓐ）、白菜キムチがやわらかくなるまで煮る。

③ みそを溶く

みそを溶き入れ（ⓑ）、ひと煮立ちしたら火を止める。

白菜キムチ＋にら＋豚薄切り肉

材料（2人分）

白菜キムチ……………………120g
にら……………………………½束
豚薄切り肉(好みの部位で) …60g
だし汁…………………………カップ3
みそ……………………………大さじ2

① 切る

白菜キムチは3cm幅に切る（切れているものはそのまま使う）。にらは3cm長さに切る（根元は切り落とさない）。豚薄切り肉は3cm幅に切る。

② 煮る

鍋に白菜キムチ、豚肉、にら、だし汁を入れて強火にかける。煮立ったら中火にし、白菜キムチがやわらかくなるまで煮る。

③ みそを溶く

みそを溶き入れ、ひと煮立ちしたら火を止める。

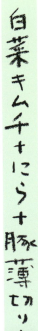

凍ったまま、
だし汁にポンッ

自分でできる冷凍食材

炒めひき肉

生のまま冷凍するより
使いやすい

①油を引かずにフライパンを中火で熱し、ひき肉を入れる。木べらで直径1～2㎝にほぐしながら炒める。

②こんがりと焼き色がついたら完成。蓋ができる保存容器に入れて冷凍し、使う分だけ取り出す。

ゆでほうれん草

うどんや
そばの具にも便利

①ほうれん草は食べやすい長さに切る。塩適量を加えた熱湯で色鮮やかにゆで、冷水にさらして粗熱を取る。

②ほうれん草をざるに上げ、水がしたたらない程度にゆるく絞る（ぎゅっと絞らないこと）。弁当用のアルミカップに均等に入れ、蓋ができる保存容器に並べて冷凍し、使う分だけ取り出す。

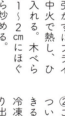

みそ汁サイズに切って冷凍

油揚げ

油揚げはペーパータオルではさんで上からぎゅっと強く押し、余分な油を吸い取る（P16をチェック！）。食べやすい大きさに切り、蓋ができる保存容器に入れて冷凍し、使う分だけ取り出す。

きのこ1種類でも、ミックスしても

きのこ

しいたけは石づきを切り落とし、薄切りにする。しめじは根元を切り落とし、食べやすくほぐす。蓋ができる保存容器に入れて冷凍し、使う分だけ取り出す。

高野豆腐のような食感に

豆腐

豆腐はペーパータオルで包んで水きりし、食べやすい大きさに切る。蓋ができる保存容器に入れて冷凍し、使う分だけ取り出す。

炒めものや煮ものにも

さつま揚げ

さつま揚げは食べやすい大きさに切る。蓋ができる保存容器に入れて冷凍し、使う分だけ取り出す。

仕上げに加えれば、いつもと違うおいしさに

味のアクセント

ピリッとした辛みを足したいときは

七味唐辛子

粉山椒

こしょう

カレー粉

香りがグーンとアップします

すりごま

けずり節

青のり

辛みも・うまみもプラスしたい

ゆずこしょう

豆板醤

コクと香りがほしければ

バター

ごま油

オリーブ油

終わりに

おじやのこと

みそ汁の、もうひとつのお楽しみ。それが、「おじや」。みそ汁で煮たごはんのことです。おじやが食べたいなあと思うときは、体や心が疲れているとき。夏バテや風邪気味のときにも食べたくなります。

みそ汁が残った鍋にごはんを入れたら弱火にかけ、ごはんがやわらかくなるまで煮るのが好きです。小さく切ったおもちを入れるのもいい。器によそってから、生じょうゆをちょこっとかけます。しょうゆをかけたら混ぜずにそのまま食べます。落とし卵を加えて半熟に煮るのもいいですね。

でき上がったら温かいうちにいただきます。みそ汁のうまみがしみこんだごはんが本当においしくて、体も心も、いつの間にか元気になっているのです。

どんなみそ汁で作ってもかまいませんが、「わかめ+長ねぎ」「大根+油揚げ」「かぼちゃ+鶏肉」のみそ汁で作るおじやが特に好きです。

ごちそうさまでした

瀬尾幸子(せお・ゆきこ)

料理研究家。「頑張りすぎず、毎日作れる料理」を雑誌、書籍、テレビなどで提案。「毎日続く食事作りですから、マラソンのように力配分をしないと続きません。1回頑張って作るごちそうは、短距離離走のような感じ。走り続けられません。地味に見えても、飽きずに食べ続けられるものを作るのがいいように思います」。子どもの頃からずっと好きなみそ汁は「大根+油揚げ」。春は「さとうざや」、夏は「なす+豚肉(赤っぽいみそ)」、秋は「じゃがいも+玉ねぎ」、冬は「みそけんちん汁」と、季節がくるときまって食べたくなるみそ汁も色々あるのだとか。
著書に『ラクうまごはんのコツ』(新星出版社) ほか多数。

みそ汁はおかずです

2017年10月3日　第1刷発行
2018年9月25日　第16刷発行
著　者　瀬尾幸子
発行人　鈴木昌子
編集人　長崎有
発行所　株式会社学研プラス
〒141-8415
東京都品川区西五反田2-11-8
印刷所　大日本印刷株式会社

※この本に関する各種お問い合わせ
■本の内容については　編集部直通　TEL03-6431-1483
■在庫については　販売部直通　TEL03-6431-1250
■不良品(落丁、乱丁)については　TEL0570-000577
学研業務センター
〒354-0045　埼玉県入間郡三芳町上富279-1
■上記以外のお問い合わせは
学研お客様センター　TEL03-6431-1002

撮影　木村拓
スタイリング　大畑純子
アートディレクション・デザイン　関宙明(ミスター・ユニバース)
プリンティングディレクション　江澤友幸(大日本印刷株式会社)
編集・構成　佐々木香織
企画・編集　小林弘美(学研プラス)